SÚPER CHISTES

AF277621

6

Papel certificado por el Forest Stewardship Council®

Primera edición con esta encuadernación: mayo de 2024

© 2016, Pau Clua, por el texto
© 2016, Álex López, por las ilustraciones
© 2016, Penguin Random House Grupo Editorial, S. A. U.
Travessera de Gràcia, 47-49. 08021 Barcelona
Coordinación editorial: Bonalletra Alcompas S.L.
Diseño y maquetación: Elisenda Nogué / www.metagrafica.com
Diseño de cubierta: Penguin Random House Grupo Editorial / Judith Sendra

Printed in Spain – Impreso en España

ISBN: 978-84-10298-80-4
Depósito legal: B-8.005-2024

Impreso en Liber Digital, S. L.
Casarrubuelos (Madrid)

GT 9 8 8 0 4

SÚPER CHISTES

Los chistes más tronchantes de todo...
¡EL MUNDO!

6

Montena

Un niño le dice a su madre:

—Mamá, mi profesor es extraterrestre.

—¿Por qué lo dices? —pregunta la madre.

—Porque en el planeta Tierra es imposible que exista un humano tan raro como él.

La madre le pregunta a su hija:

—¿En qué se parece un alienígena al fin de semana?

—¿En qué?

—En que los dos se van volando.

En el hospital, un astronauta le dice a un neurocirujano:
—Yo he ido muchas veces al espacio y nunca he visto
a ningún extraterrestre.
Y el neurocirujano contesta:
—Yo he abierto muchos cerebros y nunca he visto ideas.

Un niño le pregunta a su padre:
—Papá, ¿cómo se llama aquel extraterrestre que sale
por la boca?
Y el padre contesta:
—«Alien-to».

Un niño y una niña están observando el universo con su telescopio y el niño le pregunta:
—¿Sabes cuál es el colmo de un astronauta?
—No sé, ¿cuál?
—Quejarse de no tener espacio.

Era un hombre tan grande, tan grande, tan grande, tan grande, que cuando jugaba a billar utilizaba los planetas.

En la NASA, que están buscando astronautas para una misión a Marte muy peligrosa, deciden preguntar a los candidatos cuánto quieren cobrar.

—Yo —dice el americano— quiero cobrar 50.000 $ para gastarme todo el dinero en fiestas antes de partir.

—Yo —dice el inglés— quiero 100.000 $ para dárselo a mi familia por si me ocurre algo.

—Yo —dice el español— quiero 150.000 $.

—¿Para qué? —pregunta el de la NASA.

Y el español, en voz baja, le dice:

—50.000 para mí, 50.000 para ti y 50.000 para que vaya el americano.

—¿Julia?

—Sí, dígame.

—Te llamo para que sepas que sigo intentando conseguirte la luna.

—¡Oh, qué bonito! Gracias, pero, ¿quién eres?

—Soy Juan, el del taller de reparación de cristales para coche.

Julia le dice a Juan:

—¿Qué hace un monstruo espacial después de que el dentista le haya sacado la muela mala?

—No sé. ¿Qué?

—Comérselo.

Unos extraterrestres están hablando sobre los humanos, y uno pregunta:

—¿Qué os parecen los humanos?

El primero dice:

—Una vez uno me cayó mal y desde entonces no me gustan.

El segundo dice:

—Algunos tienen el corazón muy duro, pero son una buena especie.

El tercero dice:

—Para mí son lo mejor que hay.

Y el cuarto, harto, dice:

—¿Podemos parar de hablar de comida?

Dos extraterrestres viajan por el espacio, cuando de repente se va la luz y la nave se detiene.
—¿Por qué cuando se va la luz, la nave se para?
—pregunta uno de los extraterrestres.
Y el otro contesta:
—Porque viajamos a la velocidad de la luz.

—¿Mamá?
—¿Qué?
—La Tierra es redonda y la llaman «planeta», ¿verdad?
—Sí.
—¿Si fuera plana la llamarían «redondeta»?

Efectivamente hay agua en Marte. Seguro que aquí había vida hace millones de años.

Varios extraterrestres se encuentran y el primero dice:

—Yo soy de Marte y voy de cacería por el espacio.

—Yo soy de Venus y viajo por negocios —dice el segundo.

—Yo soy de Júpiter y estoy haciendo turismo —dice el tercero.

Al ver que el cuarto ser no contesta, le preguntan:

—¿Y tú, de dónde eres?

—Yo soy de la Tierra y me ha secuestrado ese marciano asqueroso —contesta.

Un extraterrestre de Saturno llama a su novia y le dice:
—Cariño, hace horas que te estoy esperando en este maldito y perdido planeta rojo.
Y la novia contesta:
—Cariño, te dije que quedábamos el martes, no en Marte.

Dos chicas van caminando por la montaña y una le dice a la otra:
—¡Mira, un ovni que va a Venus!
Y la otra contesta:
—¿Va a «vernus»? Ay, ¡«vamus» a «escondernus»!

[Illustration: un coche en el espacio sobre un planeta con estrellas y lunas. Bocadillo: "Creo que el GPS se ha vuelto a equivocar."]

Una noche, en medio del campo, un platillo volante aterriza en el patio de una granja, y uno de los extraterrestres le pregunta al granjero:

—Disculpe señor, ¿me podría decir en qué planeta estamos?

Y el granjero contesta, asombrado:

—En el planeta Tierra.

—¿Lo ves? —le dice el extraterrestre a su compañero—. ¡Te dije que giraras a la derecha!

En el aeropuerto, la azafata le dice a un niño:

—¿Cómo? ¿Que tu padre está en el cielo? ¡Lo siento!

—¿Por qué? Si es astronauta.

Un marciano llama por teléfono a los servicios secretos de Estados Unidos y pregunta:

—Hola, terrícola, ¿estoy hablando con los servicios secretos?

Y el hombre, susurrando, le contesta:

—Lo siento, no se lo puedo decir.

Una niña marciana le dice a su madre:

—Mamá, mamá, en el cole me llaman humana.

Y la madre responde.

—No les hagas caso, cariño, pero a partir de ahora utiliza tus cinco piernas en vez de solo dos.

Un niño le pregunta a su hermana:
—Para ti, ¿cuál es el planeta más mono?
Y la hermana contesta:
—El planeta de los simios.

Un niño le dice a su amiga:
—Mi papá es astronauta.
—¡Qué bien! —contesta la niña—. Estará contento.
—No mucho —responde el niño.
—¿Y eso por qué?
—Porque va a estar muy cerca de las estrellas, pero no podrá pedirles ningún autógrafo.

En el patio de la escuela, Juan le pregunta a Jaime:
—¿Sabes cuál es el pajarito que vuela más alto?
—No, ¿cuál? —responde Jaime.
—El pajarito del astronauta.

Dos astronautas caminan por primera vez por Marte, y uno le dice al otro:
—Creo que no somos los primeros humanos en pisar este planeta.
—¿Por qué los dices? —pregunta su compañero.
—Porque allí hay un cartel que pone «tonto quien lo lea».

Queda claro que el de cuatro patas es el líder.

Una chica le dice a su madre:

—Los chicos inteligentes, guapos y simpáticos son como los extraterrestres.

—¿Por qué? —pregunta la madre.

Y la chica responde:

—Porque todo el mundo ha oído hablar de ellos, pero nadie los ha visto.

Dos marcianos llegan a la Tierra, se acercan a una casa y llaman a la puerta:

—¿Quién es? —se oye tras la puerta.

—Venimos de Marte —responden los extraterrestres.

Y la voz pregunta:

—¿De «marte» de quién?

En la escuela, Juan le pregunta a Julia:

—¿Sabes quién es el hermano gemelo de E.T.?

—No —contesta Julia—. ¿Quién?

—«Doble te».

Un niño y una niña están observando el universo con su telescopio.

—¿Sabes cuál es el colmo de un astronauta? —pregunta el niño.

—Sí, quejarse de no tener espacio —responde la niña—. Ya me lo has contado.

—Pues no —contesta el niño—, ser un lunático.

![Dos alienígenas observan a un grupo de personas. Uno dice: «Vámonos a otro planeta. Aquí no hay vida inteligente.» Una de las personas lleva una camiseta con el texto «SE NOS CASA».]

Dos extraterrestres viajan en su nave espacial y de repente ven una estrella fugaz.

—Rápido, rápido, pide un deseo —dice uno de los extraterrestres.

El otro se lo piensa tanto que no llega a tiempo y la estrella fugaz pasa de largo.

—Lástima —dice—, no lo he conseguido.

Y su compañero contesta:

—Tranquilo, acabamos de meternos en medio de una lluvia de meteoritos.

Una mujer le dice a su amiga:
—¿En qué se diferencia E.T. de nuestros hijos?
—¿En qué?
—En que E.T. por lo menos intenta llamar a su casa.

Un marciano aterriza en la Tierra, se encuentra a un humano y le dice:
—Llévame con tu líder.
El hombre, tan tranquilo, le responde:
—¿Mi mujer? Allí, en aquella casa…

Tras la visita de unos extraterrestres a una escuela, un alumno le pregunta a su profesora:

—Profe, ¿por qué se han ido los marcianos?

Y la maestra responde:

—Porque no han encontrado vida inteligente.

Un matrimonio de astronautas está cenando en casa, y ella le dice a su marido:

—Mañana voy a Marte.

Y él responde:

—¿Y por qué no me amas hoy?

Una niña le pregunta a su padre:
—Papá, papá, ¿qué significa «omnipotencia»?
—Es un extraterrestre elevado al cuadrado.

El mismo niño vuelve a preguntar:
—¿Y qué significa «omnipresente»?
Y el padre contesta:
—Pues un extraterrestre multiplicado por mil.

Un grupo de marcianos se dirige a la Tierra en busca de dos ejemplares humanos para que se reproduzcan en su planeta. Aterrizan al lado de una gasolinera, y como nadie del grupo sabe cómo es un terrícola, arrancan dos surtidores con manguera incluida y se los llevan a su planeta.

Al llegar a Marte, el jefe de los marcianos inspecciona los surtidores de gasolina con sus mangueras y, enfadado, grita:

—¡Seréis tontos! ¡Habéis traído a dos machos!

Un marciano que pasea por la orilla del mar de Vega, en la constelación de Lira, ve a otro marciano pescando y le pregunta:

—¿Qué tal?

—Aquí, pescando —contesta el pescador.

—¿Y qué usa de cebo?

—Pimientos del Plutón.

—¿Y pican? —pregunta el excursionista.

Y el pescador contesta:

—Bueno… Unos pican y otros «non».

¿Dónde está la redacción sobre el universo? ¡No has escrito nada!

¿Cómo que no? ¡Mire cuánto «espacio»!

Una pareja de extraterrestres regresan a su casa después de un viaje por toda la Vía Láctea. Han traído recuerdos de muchísimos planetas: gemas de Saturno, plantas de Ganímedes… y un objeto desmontado por piezas de Casiopea. Después de ordenarlo todo, la extraterrestre dice:

—Quizás deberías haberte leído las instrucciones.

—¡Qué va, mujer! —contesta él—. Nos ha quedado un comunicador intergaláctico precioso.

—Ya —dice ella—, pero lo que trajimos era un reloj de cuco…

Un niño está haciendo los deberes sobre el sol, el universo y los planetas, y le pregunta a su madre:

—Mamá, ¿lo que gira es la Tierra o el Sol?

Y la madre pregunta:

—¿Tú conoces alguna planta que se llame «giratierra»?

—No.

—¿Y alguna planta que se llame «girasol»? ¿Verdad que sí? Pues ya está.

Un astronauta americano está discutiendo con un astronauta ruso, y el americano dice:

—Nosotros contratamos a la mejor compañía de bolígrafos, a los mejores profesionales antigravedad, nos gastamos 15.000 millones de dólares y trabajamos durante diez años hasta conseguir inventar un bolígrafo que escribiera boca abajo, y salvara la gravedad. ¿Qué hicisteis vosotros?

El astronauta ruso, tranquilamente, contesta:

—Nos llevamos un lápiz.

Dos marcianos llegan a la Tierra y aterrizan en un cruce de carreteras.

—Mira —dice uno indicando una señal—, creo que hemos aterrizado en un cementerio.

—¿Por qué lo dices? —pregunta el otro.

—Porque esas cosas son lápidas. Allí está enterrado un humano que se llamaba Madrid y murió a los 110 kilómetros.

Un astronauta le pregunta a otro:

—¿No estás un poco obsesionado con esto del espacio?

Y el otro contesta:

—¿Por qué lo dices? ¿Porque mi hija se llama Estrella, mi hijo Saturno y están todo el día en la luna?

Un niño le pregunta a su amigo:

—¿Sabes cómo se dice «asesino» en japonés?

—No, ¿cómo? —le responde.

—«Akí temato».

🌀 🌀 🌀

Un hombre va a una entrevista de trabajo y le preguntan:

—¿Habla usted inglés?

—Sí, señor —contesta el hombre.

—¿Nivel?

—*Level*.

🌀 🌀 🌀

@ @ @

Una madre ve las notas de su hijo y le dice:
—¿Otro suspenso en inglés? Tienes que estudiar más.
—Vale —contesta el hijo—, pero ahora tengo hambre.
—Dímelo en inglés.
Y el hijo contesta:
—«I am bre».

@ @ @

El jefe de una empresa le dice al nuevo trabajador.
—Muy bien. Veo que sabe inglés. A ver, ¿cómo se dice «mirar»?
—Look —contesta el trabajador.
—Muy bien, ¿podría hacerme una frase con look?
—Claro —contesta—. Look, yo soy tu padre.

Una niña le pregunta a su amiga:
—¿Cuántas mujeres caben en un huevo?
—Ni idea —contesta la amiga.
Y la niña le dice:
—Dos: Clara y Ema.

🌀 🌀 🌀

De viaje por Italia, un hombre le pregunta a su mujer:
—¿Cómo dirías «calzoncillos» en italiano?
—No sé, ¿cómo? —responde la mujer.
—«Lacasita dalamia colita».

🌀 🌀 🌀

De viaje por Japón, un niño se hace una herida y va con su padre al médico. Al llegar frente a una puerta, el padre dice:

—Es aquí.

Y el hijo pregunta:

—¿Cómo lo sabes?

—Porque hay un cartel que dice «Dr. Takurado Yamismito».

Un niño le dice a su amigo:

—Oye, si tu madre se llama Luz y tu padre Fernando, ¿tu eres hijo de «LuzyFer»?

Julia viaja a Japón para visitar a su primo, y le pregunta:
—¿Cómo se llama «psicoanalista» en japonés?
Y su primo responde:
—«Saludo tukoko».

🌀 🌀 🌀

De visita a Japón, delante del monte Fuji, Julia sigue
preguntando:
—¿Sabes cuál es la montaña más limpia?
—No —contesta su primo—. ¿Cuál?
—El volcán —contesta Julia—, porque echa ceniza y
después lava.

🌀 🌀 🌀

❀ ❀ ❀

Va una chica a una entrevista de trabajo y le
preguntan:
—¿Nivel de inglés?
—Alto —dice ella.
—Traduzca «amarillo».
—*Yellow*.
—¿Puede emplear la palabra en una frase?
—¿Me puede dar un vaso con mucho *yellow*, por favor?

❀ ❀ ❀

—¿Cómo se dice «tener mala suerte» en chino?
—«Chin chamba».

Una niña le dice a su amiga:
—¿Sabes cómo se dice «barrendero» en chino?
—No, ¿cómo?
—«Yokito lakaka».

@ @ @

—¿Nivel de inglés?
—Alto.
—Vale, haga una frase con la palabra *Christmas*.
—Como no me dé el trabajo le parto la *Christmas*.

@ @ @

﹫ ﹫ ﹫

—¿Qué queremos?
—¡Eliminar el corrector del móvil!
—¿Cuándo lo queremos?
—¡Ahorca!
—¡Ahorro!
—¡Aborda!
—¡Albora!
—¡Ahora!

﹫ ﹫ ﹫

—¿Cómo se dice en chino «marinero pobre»?
—«Chin chu lancha».

Un niño se va de vacaciones a un pueblo, se encuentra con una niña y le dice:

—Me da la impresión de que tú y yo nos entenderemos muy bien.

Y la niña responde:

—¿Qué?

๑ ๑ ๑

—¿Cómo se dice «aparcar el caballo» en árabe?
—«Ata la jaca a la reja».

๑ ๑ ๑

๑ ๑ ๑

Un chino va a una entrevista de trabajo y le preguntan:
—¿Nivel de inglés?
—Alto.
—A ver, traduzca «cristal».
—*Glass*.
—Muy bien. ¿Puede usarlo en una frase?
—«Glassias pol» la entrevista.

๑ ๑ ๑

—¿Cómo se llama en África a «alguien que no se ducha»?
—«Tutufo metumba».

Entra un ciego en la cocina, toca sin querer el rallador de queso y exclama:
—¿Quién ha escrito esta tontería?

—Hola, ¿cómo te llamas?
—Jara.
—¡Oh, qué nombre tan bonito!
—A que «jí»...

🌀 🌀 🌀

Un adolescente le dice a su amigo:
—Mi novia me ha dejado y, para colmo, se ha ido con mi primo.
—Te entiendo perfectamente —contesta el amigo.
—¿Por qué? ¿A ti te ha pasado lo mismo?
—No —contesta el amigo—, pero hablo castellano.

🌀 🌀 🌀

—Mamá, ¿por qué la escoba estaba feliz?
—¿Por qué?
—Porque «esta-ba-rriendo».

Un hombre le pregunta a su amigo:
—¿Así que vendes el piso?
—Alquilo —contesta el amigo.
—¿Y cuánto pesa?

🌀 🌀 🌀

—¿Cómo se dice «hospital» en japonés?
—«Otikuro otimato».

🌀 🌀 🌀

Una taza de café sale de la cárcel y le preguntan:
—¿Cómo te llamas?
Y la taza de café responde:
—«Expresso».

—¿Sabes cómo dicen en África que «el marisco en mal estado ha intoxicado a la abuela»?
—No.
—«Gamba chunga tumba yaya».

Un niño llega a su casa en compañía de una amiga, y le dice:

—Para llevarte bien con mis padres solo tienes que aprender cuatro letras.

—¿Cuáles? —pregunta la amiga.

—O, B, D, C.

@ @ @

—¿Sabes cómo se llama en chino a «alguien que no se lava nunca»?

—«Co chino».

@ @ @

Una chica se encuentra con su amigo y le pregunta:
—Oye, ¿cómo fue tu operación de oído?
Y el amigo responde:
—Sí.

Una niña le dice a su amiga:
—¿Sabes qué le dice el 0 al 8?
—No —responde.
—¡Qué cinturón tan bonito! ¡Guapooo!

—Llámame al móvil.
—Perfecto.
—Hasta luego Juan.
—Hasta luego «Almóvil».

☺ ☺ ☺

—¿Cómo pedirías en África un bocadillo de setas?
—«Para panza bimbo con hongos propongo».

☺ ☺ ☺

⊚ ⊚ ⊚

—¿Cómo se dice «ladrón de motos» en japonés?
—«Mekita Mimoto».

⊚ ⊚ ⊚

—¿Cómo se dice «pobre» en chino?
—«Toichin Blanca».

⊚ ⊚ ⊚

—¿Cómo se dice «estoy muerto» en inglés?
—«Memory».

—¿Cómo se llama el peor jugador de fútbol de la liga japonesa?
—«Nitoko Nikito».

⊚ ⊚ ⊚

—¿Cómo se dice «diarrea» en África?
—«Abunda lacaca».

⊚ ⊚ ⊚

❀ ❀ ❀

—¿Cómo se dice «espejo» en japonés?
—«Aitoiyó».

❀ ❀ ❀

Paseando por las calles de París, una niña ve una tienda de artículos de magia y del más allá, y le pregunta a su madre:
—Mamá, ¿cómo se llama la mujer que puede ver el futuro?
—Adivina —contesta la madre.
—No sé. Me rindo —contesta la hija.

—¿Cómo se llama el chino más rápido?
—Chiunnnnngggg.

⊚ ⊚ ⊚

Un chico va a buscar trabajo y le preguntan:
—¿Nivel de inglés?
—Alto.
—A ver, traduzca «verano».
—*Summer*.
—Muy bien. Úselo en una frase.
—En verano me paso el día «summergido» en el agua.

⊚ ⊚ ⊚

@ @ @

Durante el viaje de fin de curso, un niño le pregunta a una compañera:

—¿Cómo te llamas?

—Clara —contesta la niña.

—¿Y dónde has dejado la «yema»? —pregunta el niño, gracioso.

—No hace gracia —contesta Clara.

—Es que me lo has puesto «a huevo».

Juanito le pregunta a su padre:

—Papá, papá, ¿vendrás a mi graduación?

Y el padre contesta:

—No, hijo. Ya me enseñarás las gafas cuando llegues a casa.

ⓢ ⓢ ⓢ

—¿Cómo se llama «hombre flaco» en chino?

—«Chin chicha».

ⓢ ⓢ ⓢ

🌀 🌀 🌀

Dos zombies se encuentran, y uno pregunta:
—Oye, ¿has traído los víveres?
Y el otro contesta:
—¿Querrás decir los «muérteres».
—¡Ja, ja, ja! ¡Qué bueno! Me «vivo» de la risa.

🌀 🌀 🌀

—Oye, ¿cómo se escribe «móvil»?
—Como suena.
—¿Y si está en modo vibración?

Visitando la catedral de León, un niño se fija en un nido en lo alto de una de las torres y pregunta a su madre:
—Mamá, ¿cómo se llama el ave que siempre hace los nidos en las iglesias?
Y la madre responde:
—El Ave María.

***

Después de visitar la Fontana de Trevi, en Roma, un padre le pregunta a su hijo:
—¿Entiendes ya lo que es el barroco?
—Claro —contesta el hijo—. La mezcla de aguaca y tierraca.

***

***

En lo alto de la Torre Eiffel, un chico se encuentra con una chica muy, muy guapa y le dice:

—Hola guapa, ¿tienes Whatsapp?

—Sí —contesta ella.

—¿Me lo dices? —insiste el chico.

Y la chica responde:

—Tengo Whatsapp.

***

De viaje por Inglaterra, justo delante de la estatua de Joseph Priestley, el guía dice:

—Y fue Joseph Priestley, en 1774, quien descubrió el oxígeno.

Y entonces un niño pregunta:

—¿Y cómo respiraban hasta entonces?

En el Museo de Ciencias de Nueva York, un guía pregunta a un turista:

—¿Sabría decirme la carga de un electrón?

—Negativo —contesta el turista.

—¿Y la de un protón?

—Tampoco.

***

En el parque de atracciones de Legoland, en Alemania, el encargado le pregunta a un niño:

—¿Así que te gusta la construcción?

Y el niño contesta:

—Desde «Lego».

***

ABUELOS Y ABUELAS HÉROES DEL VERANO

***

Tras asistir a un concierto en la ópera de Milán, un hombre y su hija se encuentran a una amiga del padre, también con su hijo, y el señor le dice:
—¡Cuánto tiempo! Esta es mi hija, la menor.
Y la mujer contesta:
—Pues este es mi hijo, «fa sostenido».

***

Un niño y una niña pasean por Eurodisney y el niño pregunta:
—María, ¿te has tirado un pedo?
—Sí —dice María—, pero un pedo de princesita.
Y el hermano contesta:
—Sí, de princesita Fiona.

Una mujer quiere visitar el templo del Taj Mahal, en la India, pero se da cuenta de que no tiene dinero. Afortunadamente, muy cerca hay un banco, entra, pide dinero y la cajera le pregunta:
—¿Cómo quiere el dinero?
Y la mujer responde:
—¡Con desesperación!

✳✳✳

La hija, enfadadísima, le dice a su padre:
—¿Que no doy la talla? ¿Que no estoy a la altura? ¡¿Pero qué se ha creído?!
—Tranquila María, ya subirás a otra atracción.

✳✳✳

***

Frente al Gran Cañón del Colorado, un padre le pregunta a su hija:

—¿Sabes quién es el único que puede hablar todos los idiomas del mundo?

—Eso es imposible, papá —responde la hija—. ¿Quién es? Y el padre responde:

—El eco.

***

De visita a Washington, un aficionado del Barça le dice a su mujer:

—Querías ver el obelisco del Monumento a Washington y lo hemos visto. Querías visitar el Museo Nacional de Historia Natural y lo hemos visitado, pero me niego rotundamente a visitar la Casa Blanca.

Después de visitar todos los monumentos de Roma y de gastarse todo su dinero, un chico abre la billetera y le dice a su amiga:

—Mi billetera es como una cebolla.

—¿Por qué? —pregunta la amiga.

—Porque cuando la abro me hace llorar.

Un grupo de turistas bizcos recorre París en autocar, cuando el guía les dice:

—Si miran a su derecha podrán ver a su izquierda la Torre Eiffel.

***

✳✳✳

Un niño está en el ascensor de un gran rascacielos de Nueva York y en el piso 15 se sube una mujer que lleva un perfume muy caro. El niño lo huele y la mujer le dice:

—Tiffany's. 100 $ la botella.

Al cabo de un momento, en el piso 25, se sube otra mujer con un perfume carísimo. El niño la huele y la mujer le dice:

—Armani de Luxe. 150 $ la botella.

Cuando el ascensor llega al piso 50, el niño pide permiso para salir, se tira un pedo que huele muy, pero que muy mal y, tranquilamente, responde a las mujeres:

—Fabada asturiana. 3 € el plato.

Juan está paseando su perro por el parque después de visitar el Gran Cañón del Colorado, y su amiga le pregunta:

—¿Qué tal por el desierto de América?

—Muy bien —contesta el niño.

—¿Y allí también había perros? —vuelve a preguntar la amiga.

—Sí, pero se pasan el día aullando.

—¿Aullando? —dice la amiga—. ¿Y eso por qué?

Y el niño contesta:

—Porque allí no hay árboles, sino cactus.

✳✳✳

✳✳✳

En el templo maya de Teotihuacan, en plena selva mexicana, un grupo de turistas está observando los símbolos de las paredes, y uno de ellos le dice al guía:

—¡Qué símbolos más extraños! Parecen un horóscopo.

—Es verdad —contesta el guía—. ¿De qué signo es usted?

—Leo —contesta el turista.

—¿Y su mujer? —vuelve a preguntar el guía—. ¿De qué signo es?

Y el hombre contesta:

—De exclamación, supongo, porque se pasa el día gritando.

A los pies de la Estatua de la Libertad, en Nueva York, un niño le pregunta a su hermana.

—¿Sabes por qué la Estatua de la Libertad lleva un libro en una mano y una antorcha en la otra?

Y la hermana responde:

—¿Por qué va a ser? Para poder leer de noche.

***

Delante de la estatua de Aladino, en una famosa ciudad de Oriente Medio, un turista le pregunta a su mujer:

—¿Sabes cuál es el colmo de Aladino?

—No, ¿cuál? —pregunta ella.

—Tener mal genio.

***

***

En la catedral de Notre Dame, en París, el sacerdote aprovecha el descanso para comerse un bocadillo.
En ese momento, entra un hombre corriendo, muy asustado, y grita:
—Padre, padre, ¡he pecado!
Y el sacerdote, tranquilamente, contesta.
—No hijo mío, no «es pescado», es de pollo.

***

Dos chicos están subiendo por las empinadas cuestas de una montaña y cuando llegan a la cima, totalmente exhaustos, rojos y sin aliento, uno le dice al otro:
—Ahora ya sé por qué lo llaman Gran Cañón del Colorado.

En el Parque de Atracciones de Orlando, frente al castillo de Disney, un niño pregunta:
—¿Cuánto cuesta entrar en el castillo?
Y el encargado le contesta:
—Depende del tiempo.
Y el niño contesta:
—Ahora hace sol...

***

Delante de un templo maya, un niño le pregunta al guía mexicano:
—Señor, si un maya se desmaya, ¿ya no es maya?

***

***

Desde lo alto del Big Ben, dos hermanos observan la ciudad de Londres, y el hermano mayor le pregunta al pequeño:

—¿Sabes cómo se llaman los habitantes de Londres?

Y el hermano contesta:

—Hombre, todos no.

***

En Venezuela, delante del monumento a Simón Bolívar, el guía pregunta a uno de los turistas de su grupo.

—A ver si han estado atentos. Simón Bolívar murió en…

Y el turista responde:

—¿…fermo?

En Florencia, delante de la estatua del *David* de Miguel Ángel, una niña le pregunta a su hermanito.

—¿Sabes lo que le dice una estatua a la otra?

—¿Qué? —pregunta el niño.

—¡Eres un caradura!

***

En la Muralla China, a la vista de todos, un niño chino está haciendo caca tranquilamente y un turista le dice a su mujer:

—¿Has visto?

—Sí —contesta la mujer—. Es un «co-chino».

***

***

En un famoso zoco de Marrakech, en Marruecos, un niño no se encuentra muy bien, se acerca a su padre y le dice:
—Papá, creo que tengo paperas.
El padre saca una moneda del bolsillo y le dice:
—Pues toma, ahora tendrás «pa bananas».

***

En la Muralla China, una pareja de turistas ve a un niño chino solo, y la mujer le dice a su marido:
—Mira, pobrecillo. ¿Cómo debe decirse «niño abandonado» en chino?
Y el marido contesta:
—«Chin Chu Mamá».

En el restaurante de lo alto de la Torre Eiffel, una mujer le dice al camarero:

—¡Camarero, hay una cucaracha en mi ensalada! ¡Quiero hablar con el encargado!

Y el camarero, muy amablemente, le contesta:

—Eso no servirá de nada, señora. A él también le dan asco las cucarachas.

***

En el mercado de una ciudad árabe, un hombre le pregunta a su amigo:

—¿Has visto El *señor de los anillos*?

—Sí —contesta— , pero no le he comprado nada.

***

***

Un hombre entra en el restaurante de la Plaza Roja de Moscú y el camarero le dice:
—Usted me dirá…
Y el hombre contesta:
—Pues no estoy seguro, creo que metro ochenta.

***

Delante de unas pirámides, un egipcio le dice a su compañero:
—He estado estudiando durante cinco años y ya soy todo un experto en jeroglíficos.
Y su compañero le contesta:
—Pues échale un vistazo al mío, que no enfría muy bien.

Después de todo un día visitando los monumentos de Roma, un chico decide consultar Facebook desde su móvil, y su novia le dice:

—Facebook es como una nevera. Sabes que no hay nada nuevo pero aun así lo abres cada cinco minutos.

***

Cerca de Jerusalén, en el Monte de los Olivos, un apóstol le pregunta a Jesús:

—Jesús, ¿qué tal la última cena? ¿Salió cara?

Y Jesús contesta:

—¡Qué va! Salió cruz.

***

***

Un turista decide subir y bajar la Torre Eiffel por las escaleras y cuando llega abajo entra en una farmacia, totalmente agotado, y le dice al farmacéutico:
—¿Tiene algún medicamento para la fatiga?
Y el farmacéutico responde:
—No, está agotado.

***

Una mujer, de visita al Vaticano, aprovecha la ocasión para confesarse y le pregunta al cura:
—¿Qué puedo hacer con mis pecados, señor cura?
—Ora —responde el cura.
—Las cuatro y media, pero ¿qué puedo hacer con mis pecados?

Durante un viaje organizado por tierras inglesas, después de visitar Oxford, dos turistas se alejan del grupo, se tumban en la hierba y contemplan el cielo.

—Sabes, algunas de las personas que nos acompañan me recuerdan a las nubes —dice la chica.

—¿Por qué? —pregunta el muchacho.

—Porque cuando se van queda un día maravilloso.

✳✳✳

***

Un chico que no sabe inglés llega a Londres, visita la Torre y el Big Ben, se sube a la gran noria, justo al lado del río Támesis, y le pregunta a una chica, también turista:

—Oye, ¿sabes inglés?

—Claro —contesta la chica.

—¿Qué significa I am?

—La una de la mañana.

***

En un castillo de Transilvania, tierra de vampiros, Drácula está arreglando su ataúd, y le dice a su hijo:

—Pásame el destornillador, por favor.

El hijo lo coge, se lo pasa y Drácula grita:

—¡Noooo, el de cruz no, el de estrella!

En París, cerca del Arco de Triunfo, una chica entra en una tienda súper *fashion* y pregunta:

—Perdone, me habían dicho que aquí tenían los mejores pantalones de camuflaje de toda la ciudad, pero no los encuentro.

Y el dependiente contesta:

—Son buenos, ¿verdad?

✳✳✳

Si te dieran a escoger entre que no se destruyeran todos los monumentos del mundo y un Ferrari, ¿de qué color escogerías el Ferrari?

✳✳✳

***

Dos chicas se encuentran y una le pregunta a la otra:
—He oído que cuando tu hermano cumpla 15 años lo vas a llevar al Taj Mahal, en la India.
—Es verdad —contesta.
—Pensaba que no te caía bien. ¿Y qué harás cuando cumpla los 18?
—Iré a buscarlo —contesta.

***

Delante de unas cuevas prehistóricas:
—¿Sabes como murió el hombre que inventó la cama de piedra?
—No.
—De un golpe de almohada.

En un pueblecito donde todos son muy muy brutos, un niño le dice a su madre:

—Mamá, ya no quiero jugar más con Juanito al rompecabezas.

—¿Por qué? —pregunta la madre.

—Porque al primer martillazo en la cabeza se pone a llorar.

—¿Cuánto dura la batería de tu móvil?

—Depende de la autonomía.

—No sé… pongamos Galicia, por ejemplo.

En medio de un parque, un niño está pintando con rotuladores los bancos públicos y su amiga le pregunta:

—Oye, ¿por qué haces eso?

Y el niño responde:

—Porque pintar los bancos me hace hermoso.

Y la niña vuelve a preguntar:

—¿Por qué te hace hermoso pintar los bancos?

Y el niño responde:

—Porque cada vez que lo hago, viene mi madre y me dice: «Muy bonito, hijo. Muy bonito».

En una empresa española, el jefe le pregunta a su empleado:
—¿Me puedes decir por qué eres tan vago?
Y el empleado responde:
—¿Ahora?

# # #

—¿Por qué las mujeres de Chistán entran de puntillas en el supermercado?
—Porque no admiten talones.

# # #

Delante de un antiguo templo griego, un turista le pregunta a otro:

—¿Qué forma geométrica es esa?

—Trapecio.

—Yo también «ta precio». ¡Venga un abrazo!

En una granja, a las afueras de un pequeño pueblo del Pirineo, un chico le comenta a su amigo:

—No sé si conseguiré enamorar a esa chica.

Y el amigo le pregunta:

—¿Tienes vacas y ovejas?

—Sí, ¿por qué?

—Porque entonces ya tienes mucho «ganado».

En el cine de un pequeño pueblo, una abuela le dice a su nieta:

—En mi época los pitufos eran más bajitos.

Y la nieta contesta:

—Abuela, que estamos viendo *Avatar*.

En un despacho de oficinas, un trabajador le dice a su compañera:

—El mes pasado «contraí» matrimonio.

—Contraje —rectifica la chica.

—Pues claro que con traje —contesta—. ¡No me iba a casar con chándal!

Una pareja de andaluces se va de viaje de novios a una aldea perdida en el Amazonas y, por la noche, en la cabaña, el chico dice:

—Qué romántico cenar a la luz de la luna llena. Ahora solo falta un poco de música, ¿verdad?

—¿Pongo Malú? —pregunta la chica.

—No, no. Con la de la luna ya te veo bien.

—¿Por qué en Chistán llevan un tigre en el coche?

—Porque es más fuerte que un gato.

En una casa de Marruecos, un marroquí le dice a su amigo:

—Mira, Mohamed, este es mi salón.

—¡Hala, es grande! —exclama Mohamed.

—¡Quieres dejar de rezar y escucharme!

✸ ✸ ✸

—¿Por qué los habitantes de Chistán ponen una televisión de pantalla plana en el baño?

—Porque se ve que te cagas.

✸ ✸ ✸

MI HABITACIÓN CUANDO
ENCIENDO LA WEBCAM

\# \# \#

Juan y Julia están jugando a «piedra, papel o tijera» en un parque, y la niña dice:
—Lo que no entiendo es qué pasa cuando el papel cubre la piedra. Que la piedra muere asfixiada, ¿o qué?

\# \# \#

Un turista llega a un bar de Madrid y le pregunta al camarero:
—¿Me puede decir la contraseña del wifi de su bar?
Y el camarero responde:
—Tienes que tomarte algo para que te la diga.
Y el turista pregunta:
—¿Todo junto?

En pleno centro de Madrid, un camarero le pregunta a un cliente:

—¿Cómo encontró su bistec?

Y el cliente contesta:

—Con mucha dificultad, escondido debajo de las patatas.

# # #

De turismo por una zona perdida de la selva, un viajero le pregunta a un caníbal:

—¿Cuál es el libro preferido de esta zona?

Y el caníbal contesta...

—*Mil maneras de servir a tu prójimo.*

# # #

Paseando por las praderas de Texas, en Estados Unidos, un vaquero se encuentra con un indio con la oreja pegada en el suelo, que empieza a decir:

—Una carreta, cuatro caballos, uno blanco y tres marrones; una mujer, dos hombres y tres niños. Mujer llevar sombrero azul y hombres sombrero negro.

Sorprendido, el vaquero le pregunta:

—¿Y todo eso solo escuchando el suelo?

Y el indio contesta:

—No, ellos atropellarme hace veinte minutos.

En el país de los dibujos animados, Mickey Mouse está en un gimnasio con la Sirenita, y le pregunta:

—¿Y por qué Bob Esponja no viene nunca al gimnasio?

Y la Sirenita responde:

—Porque ya está cuadrado.

Paseando por China, un niño le pregunta a su padre:

—¿Qué hace ese chico con capucha?

Y el padre contesta:

—Un capuchino.

En Estocolmo, una pareja sueca está aburrida en el salón de su casa y la mujer pregunta:

—¿Vamos a Ikea?

Y el sueco, sin moverse, responde:

—Si hay que ir se va, pero ir por ir «estantería».

Una coreana le pregunta a su compatriota:

—¿Y cómo conseguiste salir de Corea?

—Fácil —contesta él—, usé el pasaporte de un amigo.

—¡Qué bien! —contesta ella—. Da gusto tener amigos así. Me gustaría conocer a tu amigo. ¿Dónde está ahora?

Y el coreano contesta:

—En Corea. Buscando su pasaporte.

Una pareja está en el Polo Norte, y la mujer le pregunta al marido:

—¿Qué animal es ahora negro, ahora blanco, ahora negro, ahora blanco, ahora negro…?

—No sé —dice el marido—. ¿Una cebra?

Y la mujer contesta, señalando hacia delante:

—No. Ese pingüino que cae montaña abajo.

—¿Qué hace un habitante de Chistán con un bote de mayonesa en la oreja?

—Está escuchando salsa.

\# \# \#

En el lejano oeste llega un vendedor con una carreta y empieza a hacer propaganda de una poción que te mantiene siempre joven. Uno de los habitantes del pueblo se acerca a uno de sus ayudantes y le pregunta:

—¿Es verdad que su jefe tiene 300 años?

Y el ayudante contesta:

—Pues no lo sé. Yo solo sé que llevo trabajando con él 200 años.

\# \# \#

En pleno desierto, un esqueleto entra en un bar y dice:

—Póngame una cerveza y una fregona, gracias.

Un pequeño indio americano le pregunta a su padre:
—¿Cómo se decide el nombre de un hijo?
Y el padre contesta:
—Depende de lo que pase el día que nace. Por ejemplo, tu hermana mayor nació en primavera y se llama Tormenta Primaveral. Tu hermano nació un día de mucho frío y se llama Potro Helado. ¿Por qué lo preguntas, Perro Cagando?

# # #

\#\#\#

En la antigua Roma, Julio César les dice a sus legionarios:

—Tengo dos noticias, una buena y otra mala. ¿Cuál queréis primero?

—¡La buena! ¡La buena! —contestan los legionarios.

—La buena noticia es que hoy nos vamos a cambiar de calzoncillos.

—¡Bieeeen! —gritan los legionarios que llevaban un año luchando sin cambiarse.

—La mala —continúa Julio César—, es que tú te lo cambiarás con él, tú con el otro, el otro con ese…

En un restaurante italiano, el camarero pregunta:
—¿Vino de la casa, *signore*?
Y el cliente contesta:
—¿Y a usted que le importa de dónde vengo?

En la frontera entre Francia y España, un policía le dice a una mujer:
—¿Podría decirme su DNI sin la última letra, por favor?
Y la mujer contesta:
—Claro: siet... och... och... tre... cinc... cuatr...

En el centro de Australia, un amigo le dice a otro:
—Me he comprado un bumerán nuevo.
Y el otro pregunta:
—¿Y qué has hecho con el viejo?
—Pues lo he tirado y lo he vuelto a tirar y lo he vuelto a tirar y lo he vuelto a tirar…

Una niña le dice a su amigo:
—¿Has oído la noticia del fugitivo que secuestró un autobús en pleno centro de Tokio?
—Sí —contesta el amigo—. ¿Qué pasa?
Y la chica contesta:
—Que la policía tiene 50.000 fotos suyas.

En unos grandes almacenes, un hombre calvo le comenta a su amigo:

—Me he comprado un champú anticaída.

—¿Y te funciona? —pregunta el amigo.

—No —contesta—, me sigo resbalando en la ducha.

En un restaurante chino, el cliente pregunta al camarero:

—Oiga, ¿qué clase de carne he comido?

—«Calne de lata».

—¿Cómo es posible que fuera de lata? ¡Estaba buenísima!

Y el camarero le contesta:

—«Calne de lata que cole».

\# \# \#

En un edificio de Nueva York, justo delante de Central Park, llega una chica y pregunta:
—Buenos días, ¿son aquí los exámenes de jardinería?
—No —contesta un hombre—, se ha equivocado de planta. Y la mujer dice:
—Pues sí que empezamos bien.

\# \# \#

En Nueva York, en pleno centro de Broadway, un padre y un hijo van a ver un musical. En mitad de la representación, el niño pregunta:
—Papá, ¿por qué al pirata le han tirado arena en los ojos? Y el padre responde:
—Porque ha gritado «¡Tierra a la vista!».

Un padre y su hijo están paseando por Tokio, la capital de Japón, por las calles de la cual circulan muchas motos.

—Imagínate una ciudad con muchas motos Yamaha y solamente dos motos Honda —dice el niño.

—De acuerdo, ya está —responde el padre.

—¿Cómo se llama la película?

—Ni idea. ¿Cómo?

—«Poca Hondas».

❋ ❋ ❋

De viaje a París, una mujer le dice a su marido:
—Estoy embarazada. Será nuestro cuarto niño.
—Pues será chino —contesta el marido.
—¿Y por qué será chino, si tú eres su padre?
Y este replica:
—Porque en la tele han dicho que uno de cada cuatro niños que nacen es chino.

❋ ❋ ❋

—¿Sabes cuál es el último chino de la guía telefónica?
—¡Claro! Es «Chim Pon».

En una tienda de la zona más turística de Madrid, el propietario ve que le están robando y llama a la policía.

—Policía, hay un hombre que me está robando.

—¿Qué se lleva? —pregunta el policía.

—Esta temporada tejanos oscuros y camisas de colores —contesta el vendedor.

En una playa del Caribe, un niño le pregunta a su madre:

—¿Qué le dice un entrenador de natación a su alumno?

—No sé —contesta ella.

—Nada.

ORÍGENES DEL AIRBAG

# # #

En Estados Unidos, en la sede de Microsoft, una empleada le comenta a su compañera:
—Mi hija me ha dicho que necesita más espacio en su habitación.
—¿Y qué harás?
—Pues regalarle un disco de 800 gigas.

# # #

En un restaurante argentino, un cliente le dice al camarero:
—Oiga, este filete tiene muchos nervios.
Y el camarero le contesta:
—Claro señor, es la primera vez que se lo van a comer.

Una madre, que va muy seria por la calle, se encuentra a una amiga que le pregunta:

—Carmen, ¿qué te pasa que estás tan seria?

Y Carmen responde:

—Nada, que esta mañana iba con mi hijo a comprar la cena de hoy al supermercado, pero nos hemos despistado y un ciclista lo ha atropellado.

—¿Y ahora qué vas a hacer? —pregunta la amiga.

—¡Yo que sé! Macarrones…

★ ★ ★

★ ★ ★

María acaba de cumplir los 18 y su padre le está enseñando a conducir. De pronto, en una calle con mucha pendiente, fallan los frenos y María grita:
—¡Papá, fallan los frenos! ¡No puedo parar! ¿Qué hago?
Y el padre contesta:
—¡Intenta chocar contra algo barato!

Un avión está cayendo en picado y justo en ese momento un hombre se despierta:
—¡Azafata, azafata! ¿Vamos a tomar tierra ya?
Y la azafata responde:
—¿Tomar tierra? ¡Te vas a hartar!

—¡Estoy harto de que hablen a mis espaldas!
—Pero si eres taxista.
—¡Uy, es verdad!

★ ★ ★

Un hombre muy pero que muy cachas entra en el metro y un niño, al verlo, le dice a su amigo:
—Mira, ese hombre parece un armario.
El hombre, que lo ha oído, le da un bofetón, y le dice:
—Lo siento, se me ha abierto una puerta.

★ ★ ★

En el Titanic, justo cuando se está hundiendo, el capitán le dice al contramaestre:

—Rompa esa ventanilla y larguémonos lo antes posible.

—Pero capitán —contesta el contramaestre—, todavía hay niños a bordo.

Y el capitán contesta:

—Si, hombre, ¡para jugar al escondite estoy yo ahora!

—Mamá, mamá, en el colegio me llaman helicóptero.

—Calla hijo que te, que te, que te, que te…

En el aeropuerto, una niña le dice a su padre:

—Mira, papá, un avión macho.

Y el padre contesta:

—Hija, te he dicho mil veces que eso son las ruedas…

De paseo en coche por Chistán, un niño pregunta a su madre:

—Mamá, ¿por qué los habitantes de Chistán ponen Vicks Vaporub en las calles?

Y la madre contesta:

—Para evitar congestiones.

En un avión, un pasajero le dice a la azafata:
—¿Me pone un whisky, por favor?
—Lo siento —dice la azafata—, vamos a tomar tierra.
Y el pasajero contesta:
—Los demás que tomen tierra, si quieren. Yo prefiero un whisky.

Un joven enamorado le dice a su pareja:
—Te tengo en el bote.
Y la chica contesta:
—Sigue remando y no digas más tonterías.

En el puerto, el capitán grita:
—¡Marineros, a abordar el barco!
Y el barco quedó precioso.

En el coche, de viaje con sus padres, Miguelito se marea, empieza a ver lucecitas y le dice a su madre:
—Mamá, mamá, veo luces, ¡estoy poseído!
—Será poseso —responde la madre.
—«Pos eso, pos eso»…

En un control de carretera, un guardia para a un conductor borracho y le dice:

—Por favor, ¿me da su permiso de conducir?

Y el conductor contesta:

—Claro, claro, permiso concedido…

Una chica aparece corriendo por la calle gritando:

—¡Socorro, me han robado mi todoterreno!

Un hombre se acerca y le pregunta:

—¿4 x 4?

Y la chica responde:

—16… ¡Pero ahora ayúdeme a encontrar mi coche!

—Mamá, ¿puedo coger el coche?

—No sin mi supervisión.

—Uy, perdona por no tener superpoderes como tú...

En el tren, un pasajero le dice a su compañero de viaje:

—Me siento solo.

Y el compañero responde:

—Yo también. Sentarse es muy fácil.

Durante un viaje en tren, el revisor pide los billetes a cuatro pasajeros:

—Billete, por favor.

—Soy jubilado —contesta uno.

—Yo trabajo en la RENFE —contesta otro.

—Yo soy político —contesta el tercero.

—¿Y usted? —le pregunta al cuarto.

—Yo… yo soy tonto. Aquí está mi billete.

—¿Por qué todos los habitantes de Chistán viven cerca del aeropuerto?

—Para confirmar el vuelo.

Un chico llama al mecánico y dice:
—Te llamo por el tubo de escape.
Y el mecánico contesta:
—¡Pues se escucha muy bien!

—Pepe, tengo que darte dos noticias, una buena y otra mala.
—Ya estoy harto de malas noticias. Dime la buena.
—¡Que el airbag de tu coche funciona perfectamente!

★ ★ ★

Una familia está de compras en un centro comercial, cuando se les acerca el encargado del aparcamiento y le dice al padre:

—¡Señor García, señor García, le acaban de robar el coche!

—Pero bueno —grita el hombre—. ¿Nadie ha hecho nada para impedirlo?

—No ha hecho falta —contesta el encargado—. Hemos apuntado la matrícula.

★ ★ ★

—Papá, ¿qué es un chicle en moto?

—Un «motochiclista».

En un peaje de la autopista, un operario le dice a un conductor:

—Señor, lleva la rueda trasera pinchada.

El hombre saca la cabeza por la ventanilla, se la mira y contesta:

—No pasa nada, solo está pinchada por abajo.

Un ciego se sube a un taxi y le dice al taxista:

—Hola, me llamo Casimiro Mirando y vivo en el noveno B de la calle Buena Vista.

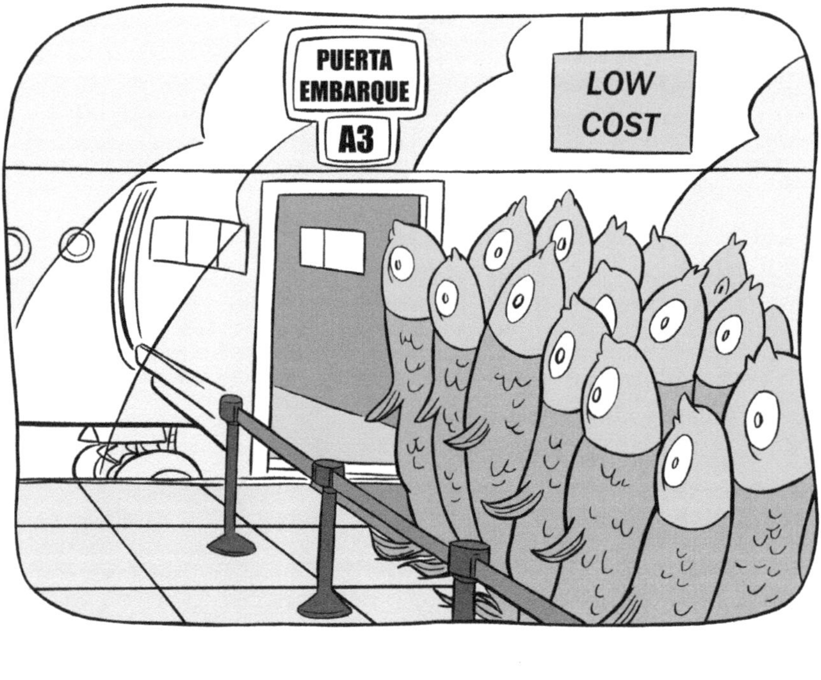

—¿En qué se nota que un motorista está contento?
—En la cantidad de mosquitos que lleva pegados en los dientes.

En el aeropuerto, una chica pregunta a la azafata, señalando un avión:
—¿Ese avión es de carga o de pasajeros?
—De carga —responde la azafata.
—¿Y qué carga? —pregunta la chica.
Y la azafata responde:
—Pasajeros.

Dentro del coche, un chico que acaba de sacarse el carnet de conducir le dice a su novia:

—Jolín, ese camión lleva aquí delante dos horas sin dejarme adelantar.

Y la novia le responde:

—Carlitos, eso es la puerta del garaje...

—¿Qué marca de coche utiliza Papá Noel?
—Un «Renol».

![Viñeta de cómic: una azafata de pie con los brazos abiertos hace un anuncio mientras los pasajeros la miran con cara de susto.](imagen)

> Por favor, los que estén sentados en las ventanillas, ¿podrían sacar los brazos fuera y agitarlos muy, muy rápido? Muchas gracias.

★ ★ ★

En el aparcamiento de un centro comercial se oye una voz por megafonía que dice:

—El propietario del coche con matrícula 3847555763 498475884748449999BSN, ¡haga el favor de retirar la matrícula!

Dos chicos no muy listos ven pasar un coche a toda velocidad que, sin respetar un stop, casi atropella a un perro, y uno dice:

—¡Anda que si llega a pasar un peatón!

Y el otro contesta:

—Sí, o una persona...

Un niño decide sacar la cabeza por la ventanilla del tren. Al verlo, su padre también la saca y le dice a su hijo:
—Hijo, ten cuidado con los postes… tes… tes… tes…

Un hombre va con su hija a la autoescuela y le dice al encargado:
—Mi hija quiere aprender a conducir. ¿Cuánto necesitará?
—Tres o cuatro —contesta el encargado.
—¿Semanas? ¿Meses? —pregunta el padre.
—No —contesta el encargado—. Coches.

En la estación de tren, un pasajero le pregunta al señor de la taquilla:

—Perdone, ¿a qué hora sale el rápido?

Y el chico contesta:

—¡Ya!

En pleno crucero, en medio del Mediterráneo, una niña le dice a su presumido hermano mayor:

—Juanito, me recuerdas al mar.

—¿Por mis ojos azules? ¿Por mis cabellos al viento? ¿Por qué huelo a fresco? —pregunta satisfecho el hermano.

Y la niña contesta:

—No, porque me mareas.

Un niño llega a su casa con su bici y le dice a su madre:

—Me acabo de topar con un chaval muy maleducado. Así que me ha visto ha empezado a insultarme y a decir toda clase de palabrotas.

—¿Y dónde has conocido a ese chico? —pregunta su madre.

—En la calle —contesta el hijo—, justo después de atropellarlo con la bici.

★ ★ ★

A bordo de un velero, el capitán dice:
—Parece que se ha roto la vela por culpa de estos nudos.
—Sí —contesta su ayudante—. Todo concuerda.
—Pues claro que «con cuerda». ¿Cómo van a ser los nudos sino?

Era un hombre tan vago, tan vago, tan vago que siempre llamaba a los bomberos para que le apagaran el intermitente del coche.

Un chico bastante chuleta tiene un accidente de coche, da varias vueltas de campana y el vehículo queda volcado. Varias personas lo ayudan a salir y le preguntan:

—¿De verdad que no se ha hecho daño?

Y el chico contesta:

—¿Qué pasa? Cada uno vacía los ceniceros del coche como quiere, ¿no?

★ ★ ★

Es el famoso tren bala.

Durante las fiesta navideñas, una madre le entrega un gran paquete a su hijo, y le dice:

—Feliz Navidad, hijo.

El hijo, pasando de todo, le contesta:

—No me gusta la Navidad.

—Vaya —contesta la madre—, y ahora, ¿qué hago con esta moto que te he comprado?

Y el hijo responde:

—Belén, Belén, campanas de Belén…

Viajes

Las anécdotas más chistosas de viajeros con mucho sentido del humor

De viaje por Irlanda, un niño pelirrojo se encuentra a un turista y le pregunta:

—¿A que no sabes qué le dice un niño pecoso a otro niño pecoso?

—No lo sé —contesta el turista—. ¿Qué le dice?

—Te gano por puntos.

§ § §

De viaje por el Atlántico, a bordo de un crucero, una niña muy pija le pregunta a su hermano:

—Borja, ¿qué significan las siglas S.O.S.?

Y Borja contesta:

—Socorro, Osea, Sálvame.

§ § §

Dos niños están mirando a un grupo de turistas chinos que viaja por España, y uno le pregunta al otro:

—¿Sabías que los chinos vienen de Oriente?

—Claro —responde el amigo.

—¿Y sabías que cuando vienen de turismo siempre se pierden?

—¿Por qué? —pregunta.

—Porque se «desorientan».

En lo alto de la torre Eiffel, un niño le dice a su madre:

—Mamá, mamá, no puedo pestañear.

—Tranquilo, que esto lo arreglo yo en un abrir y cerrar de ojos.

Una mujer le pregunta a su marido, que es muy tacaño:

—¿Dónde podríamos ir de viaje este año?

Y el marido le contesta:

—¿Qué te parece un viaje alrededor del sol durante todo un año? Es gratis y no tenemos que movernos de casa.

§ § §

Durante el viaje de fin de curso a Nueva York, mientras salen por la puerta de un museo, un chico se arma de valor y le pregunta a una chica:

—¿Quieres salir conmigo?

Y ella, señalando la puerta, contesta:

—Mejor sal tú primero.

§ § §

§ § §

Juan acaba de volver de un viaje por el desierto del Sáhara y se encuentra a una amiga, que le pregunta:
—Juan, ¿ya has vuelto de tu viaje? ¿Qué te pasa que estás tan triste?
Y Juan contesta:
—Es que en pleno viaje mi novia me dijo: «Hazme una perdida».
—¿Y? —pregunta la amiga.
—Que la llevé al desierto, la dejé allí y no me ha vuelto a llamar desde entonces.

Una mujer regresa de un viaje de negocios a Taiwán y, así que entra por la puerta de su casa, su marido le pregunta:

—¿Me has comprado algo?

—Claro —contesta la mujer, contenta—. Una cosa que te pondrá de 0 a 100 en tres segundos.

—¿Sí? —pregunta el marido—. ¿De verdad que me has comprado un coche?

—No —contesta la mujer—. Una báscula.

§ § §

§ § §

En un restaurante italiano, padre, madre e hijo observan cómo trabaja un camarero. Y el padre comenta:
—Ves, hijo. A ese camarero se le nota que le gusta su trabajo. Está contento, es simpático, servicial y muy buen profesional. Todos seríamos más felices si trabajásemos de lo que más nos gusta.
El niño, mirando su plato, contesta:
—Pues en mi caso será muy difícil encontrar trabajo de macarrones con queso.

§ § §

Una chica regresa de un viaje por China y, al entrar por la puerta de su casa, su madre le pregunta:

—¿Has comprado alguna cosa en China?

—Sí —contesta—. Me he comprado una impresora-escáner por 20 euros.

—¡Impresionante! —dice la madre.

—¡Y escaneante! —contesta la hija.

§ § §

—Hola, ¿cómo te llamas?

—María de los Ángeles. ¿Y tú?

—Pedro de Barcelona.

§ § §

§ § §

En un cine de Hollywood, un chico quiere ver la última película de estreno, y la taquillera le dice:
—Es la quinta vez que te vendo una entrada.
Y el chico contesta:
—Ya, pero es que el señor de la puerta me la rompe cada vez que intento entrar.

§ § §

De viaje por carretera cerca de Nueva York, una hija le dice a su padre:
—Papá, realmente estás obsesionado con Estados Unidos.
Y el padre pregunta:
—¿Por qué lo dices, Carolina… del Norte?

Un turista de viaje por España entra en un McDonald's y el encargado le pregunta:

—¿Qué desea?

—¿Qué me recomienda? —pregunta el turista.

Y el encargado responde:

—La nueva McArena.

—¿Qué lleva?

Y el encargado contesta:

—Alegría y cosa buena.

§ § §

§ § §

Un chico de pueblo viaja hasta Madrid y entra en el mejor establecimiento de tatuajes de la ciudad.

—Buenos días —dice—. He venido a tatuarme en letras góticas la frase «Tres tristes tigres comían trigo».

—Muy bien —contesta el tatuador—. ¿Dónde?

Y el chico contesta:

—En un trigal.

§ § §

De viaje por el Caribe, un turista le dice a su amigo:

—¿Cuál es el árbol más valiente?

—La palmera, porque duerme con el coco.

Juan y Julia están de viaje por el norte de Europa, entran en un supermercado finlandés para comprar vino y Julia pregunta:

—¿De dónde es ese vino?

—De Islandia, creo —contesta Juan.

—¿De qué ciudad?

Y Juan, mirando el envase, contesta…

—De Tetrabrik.

§ § §

—¿Dónde van los renacuajos a convertirse en ranas?

—A Croacia.

§ § §

§ § §

En Portobello, un famoso mercado al aire libre de la ciudad de Londres, un vendedor le dice a una turista:
—Llévese esta mesita de noche.
Y la mujer le responde:
—¿Y por qué no me la puedo llevar de día?

§ § §

Dos amigos deciden hacer un viaje por Europa con muy poco dinero y cuando llegan delante de su hotel, uno dice:
—Este hotel se parece a mi vieja camisa.
—¿Por qué lo dices?
—Porque tampoco tiene botones.

La madre de Pepito, después de pasarse toda la mañana en un centro de belleza y de gastarse mucho dinero, llega a su habitación de hotel en París, y así que entra por la puerta, el niño le pregunta:

—¿De dónde vienes?

—Del centro de belleza.

Y Pepito lanza:

—¿Y estaba cerrado?

§ § §

En una tienda de Londres:

—¿Tiene experiencia como vendedor?

—¡Muchísima! He vendido mi casa, mi coche, mi piano y todas las joyas de mi familia.

§ § §

§ § §

Pepito le pregunta a Juanito:
—¿Te explico una adivinanza?
—Claro —responde Juanito.
Y Pepito dice:
—Se abre el telón y se ve un «peo» volando por Londres. Se baja el telón. Se sube el telón y se ve un «peo» volando por París. Se baja el telón. Se sube el telón y se ve un «peo» volando por Roma. Se baja el telón. ¿Cómo se llama la película?
—Ni idea —contesta Juanito.
—El «Europeo».

De viaje por Italia, cerca de Roma, un niño consulta un mapa y le pregunta a su padre:

—Papá, ¿por qué Italia tiene forma de bota?

Y el padre responde:

—Porque sería imposible meter a tanta gente en un zapato.

§ § §

En la ciudad de México, un mexicano le pregunta a un turista:

—¿Sabes cuál es el mexicano más dulce?

—¿Cuál? —pregunta el turista.

—Pancho Colate.

§ § §

§ § §

Entra un turista en una farmacia de Brasil y le dice al farmacéutico:

—Deme una aspirina, por favor.

El brasileño saca una aspirina del tamaño de una rueda, se la envuelve y le dice:

—Aquí en Brasil las aspirinas son muuuuuy grandes.

El hombre, asombrado, le pide un tubo de pasta dentífrica. El brasileño, con esfuerzo, saca un tubo de pasta del tamaño de una mesa, y dice:

—Aquí, en Brasil, los tubos de pasta de dientes son muuuuuy grandes. ¿Desea algo más?

Y el turista contesta:

—No, no, gracias. Los supositorios me los compraré en mi país.

Un chico llega a la frontera de Alemania y el policía le pregunta:

—¿Nombre?

—David

—¿Tavid? —pregunta el policía.

—No, no —contesta el chico—. David con «d» de Dinamarca.

Y el policía contesta:

—Bienvenido a Alemania, «conde» de Dinamarca.

§ § §

§ § §

Durante un safari africano, en plena sabana, una mujer le dice a su marido:

—Recuerda que tienes que llenar las cantimploras de agua. ¿Cuándo lo harás?

—Cuando acabe de observar a estos perros que ríen.

—¿Las hienas?

Y el marido contesta, enfadado.

—¡¡¡Que sí, mujer, que ya las llenaré!!!

Las tres cosas más difíciles de decir: «supercalifragilis-ticoespialidoso», «esternocleidomastoideos» y «tienes un moco en la nariz».

§ § §

En un bar de Los Ángeles, California, un hombre no para de beber, copa tras copa. De repente, se le acerca el camarero y le dice:
—¿Sabía usted que el alcohol mata a cien mil americanos cada año?
Y el hombre contesta:
—Y a mí qué, yo soy español.

§ § §

§ § §

—¿Eres bizco?
—No, es que tengo un ojo tan bonito que el otro se lo queda mirando.

§ § §

Una mujer quiere ir de viaje a Estados Unidos y para ambientarse quiere leer algún libro de algún escritor americano. Decidida, entra en una librería y pregunta:
—¿Tiene algún libro de Hemingway?
—Sí —contesta el librero—. *El viejo y el mar.*
Y la mujer contesta:
—Mmmm… deme *El mar.*

En pleno desierto del Sahara, un hombre en bañador se encuentra a un beduino, y este le pregunta:

—¿A dónde va?

—A nadar —contesta el turista.

—Pero si el mar está a 300 km de aquí —contesta el beduino.

Y el turista responde:

—¡Pues qué playa tan grande!

§ § §

§ § §

Un chico llega a un bonito pueblecito de montaña, y le
pregunta a un vecino:
—¿Este es el pueblo donde ponen un mote a todo el
mundo?
—No —contesta el hombre.
—Vale, gracias.
—De nada, «Preguntillas».

§ § §

—¿Me da una caja de ácido acetilsalicílico?
—¿Aspirinas?
—Eso, es que nunca me acuerdo del nombre.

Hace tiempo que María no ve a su amigo Jaime, y cuando un día se lo encuentra por la calle, le pregunta:

—¿Dónde has estado todo este tiempo?

—Con mi novia hindú —contesta.

—¿Y es guapa? —pregunta la chica.

Y Jaime responde:

—Bueno, tiene su puntito.

§ § §

—¿Qué le dijo el 2 al 0?

—«Veinte» conmigo.

§ § §

Tres amigos acabados de llegar a Nueva York están ansiosos por visitar la ciudad.

—¿Qué comemos? —pregunta el primero.

—No sé, algo rápido —contesta el segundo.

—¿Una liebre? —propone el tercero.

§ § §

De viaje por Australia, un turista quiere enviar un paquete a su casa y el encargado de correos de la ciudad de Sidney le pregunta:

—¿Cuál es su dirección?

—Calle del Bosque, 31 —contesta el viajero.

—¿Apartado de correos?

Y el hombre responde:

—La verdad es que sí, queda un poco lejos.

§ § §

Viajando por la sabana africana, delante de unos leones, un niño le pregunta a su hermanito:

—¿Sabes qué diferencia hay entre un león y un burro?

—No —contesta el hermanito—, ¿cuál?

Y el hermano, acariciándole la cabeza, le contesta:

—Que al león no le puedes acariciar la cabeza.

§ § §

Un niño travieso le dice a su hermano:

—Hoy bajaré al supermercado desnudo.

—¡No hay huevos! —le dice el hermano.

—Vale —contesta el hijo—. Ya compraré.

—A ti te llaman «el curioso», ¿verdad?

—¿Por qué lo dices? ¿Quién te lo ha dicho? ¿Lo dices por algo?

Juan es guía turístico en la ciudad de Barcelona. Justo cuando está saliendo de casa muy temprano para ir a trabajar, su mujer le pregunta:

—¿Qué tienes a primera hora?

Y Juan contesta:

—Mucho sueño y ganas de dormir.

—Mamá, mamá, ¿«adhesivo» lleva «h»?

—Ja, ja, ja —contesta la madre—. ¿Es que no te enseñan nada en tu colegio?

—Vale, ¿pero dónde la lleva?— pregunta el niño.

—Hum, ¡mejor pon «pegamento»!

De vuelta de vacaciones, una niña pregunta a su amigo:

—¿Fuiste al curso para aprender a expresarte?

—«Na, al final no piudo» —contesta el niño.

Una mujer entra en una tienda de colchones, y dice:

—Hola, quería comprar una cama grande.

—Muy bien. ¿Qué le parece esta de 1,50? —dice el vendedor.

—¡Baratísima! —contesta la mujer—. ¿Cuánto mide?

Un niño llega al hotel donde se hospeda con sus padres y la madre le dice:

—Hijo, es muy tarde. ¿Dónde estabas?

—En casa de Noé.

—¿Noé? ¿Qué Noé? —pregunta ella.

Y el hijo responde:

—«Noé» de tu incumbencia.

Un hombre se encuentra a un compañero de trabajo por la calle y le dice:

—Mi hija tiene un gusano enorme en la barriga.

—¿La solitaria? —pregunta el amigo.

Y el padre contesta:

—No, la mayor.

Un hacha va a buscar trabajo de cortador de árboles, y le preguntan:
—¿Es bueno cortando árboles?
Y contesta:
—¡Soy un hacha!

—Mami, yo por ti bajaría la luna.
—Puedes bajar la basura.
—Tampoco te flipes…

Una mujer dice a su marido:
—Cariño, llevamos tres años casados. ¿Tenemos un hijo?
Y el marido contesta:
—Juraría que no, pero déjame mirar el libro de familia por si acaso.

En pleno desierto, dos viajeros se encuentran con una serpiente de cascabel, y uno pregunta:
—¿Sabías que las serpientes son bífidas?
—Claro —contesta el otro—. Bífidas y activas, como los yogures.

Después de hacer una travesura, un niño se atreve a preguntarle a su madre:

—Mamá, ¿me compras la Play 3?

—¡La 4, te voy a comprar! —exclama ella.

—¡Tomaaaaaaa!

Un guardia da el alto a un coche y dice al conductor:

—Buenos días. Enséñeme el seguro del coche, por favor. Y el conductor dice:

—Mire. Es este de aquí. Cuando lo subes la puerta está abierta y si lo bajas se cierra.

—Papá, ¿la sordera es hereditaria?
—No, somos de Francia, hijo. Somos españoles.
—No gracias, ya he comido.
—Las 15:45.
—Pues bien. ¿Y tú?
—Yo también te quiero.

—Carlos, te noto diferente.
—Es que soy Luis.
—Ah, pues va a ser eso.

Dos hermanos pasan por delante de un banco, y el menor le pregunta al mayor:
—Oye, ¿qué opinas de las hipotecas?
Y el hermano mayor contesta:
—A mí me parece muy bien que los hipopótamos tengan un lugar donde poder bailar.

Un hombre entra en un restaurante y pregunta:
—¿Tienen comida de vegano?
—«Clago» —contesta el camarero—. Este es un «gestaugante fgangsés».

Pablito está ojeando un libro de naturaleza, y le pregunta a su padre:

—Papá, ¿qué es un marsupial?

—¿Te suena Australia? —le pregunta su padre.

—Sí —contesta el hijo—. Es el país de los canguros.

—Exacto, hijo. Pues el «mar Supial» está en Australia.

—Papá, ¿qué es un voltio?

—Salir a dar un paseo.

—¿Y un vatio?

—Una bebida a base de leche.

Una familia va al cine, y el padre le dice al taquillero:

—Hola, ¿me da cinco entradas?

—¿Para los *Minions*?

Y el padre contesta, enfadado.

—¡Oiga, que son mis hijos!

Justo antes de ir a acostarse, una chica le dice a su novio:

—Me voy a dormir. Te amo.

—Yo también.

—¿También me amas?

—No, también me voy a dormir.

Durante un vuelo hacia América, un niño que está muy aburrido dice a su hermana:
—Quien ríe el último...
—... ríe mejor —contesta la hermana.
—No. Quien ríe el último es que no ha entendido el chiste.

Un chico está en casa viendo una serie sobre zombies, y, muy serio, pregunta a su padre:
—Papá, si los zombies llegan a nuestra casa, ¿«zombiemvenidos»?

Un hombre muy goloso, pero que está a dieta, entra en una cafetería y dice:

—Un café y alguna cosa pequeña. ¿Tenéis cruasanes mini?

—Claro —contesta el camarero.

—Pues póngame veinte.

Frente al mar, de viaje por las playas del Caribe, un niño le dice a su hermana mayor:

—No entiendo por qué la gente se sobresalta con los ataques de los tiburones. ¿Acaso no oyen la música cuando se acercan?

En pleno centro de Londres, un guardia detiene a un mantero, y le pregunta:

—¿No sabe que está prohibido vender cedés en la calle?

Y el hombre contesta:

—No vendo cedés, agente. Yo vendo la manta y los cedés son para que el viento no se la lleve.

Julia va a visitar a su primo y, después de estar un rato en su jardín, le dice:

—Oye primo, tu perro ladra mucho.

Y el primo contesta:

—Pues sí, todavía no ha aprendido a maullar. No te digo…

En la consulta de un médico, la secretaria entra en el despacho y grita:

—¡Doctor, doctor, el paciente se nos va!

Y el doctor contesta:

—Pues ahora es «impaciente».

—Mamá, ¿puedo llegar de la fiesta a las doce?

—A las 11.

—A las 11 y media, por favor.

—A las 9.

—Pero si ya son las 9:20…

—¡Castigado, entonces!

En el funeral de un amigo, una chica pregunta a otro asistente:
—¿Y cómo murió?
—En una pelea.
—¿Y cómo lo sabes? —vuelve a preguntar ella.
—Porque en aquel cartel pone «Sepelio».

El teléfono suena, una chica lo coge y oye:
—Buenos días, le llamamos para mejorar su ADSL. ¿Cuál es su operador actual de Internet?
Y la chica contesta:
—Mi vecino, pero todavía no lo sabe.

Dos abuelos están sentados en un banco del parque, y uno le dice al otro:

—Ahora los niños de 10 años tienen iPhone, iPad, iPod, Twitter, Facebook, Instagram, Skype… Yo, a su edad, solo tenía 10 años.

—Mamá, ¿sabes escribir en la oscuridad?
—Claro que sí. ¿Por qué?
—Para que firmes mis notas.

Este año, podríamos ir de viaje al Nilo.

«Nilo» podemos pagar ahora, «Nilo» podemos pagar a plazos. «Nilo» sueñes.

James Bond va a la comisaría a hacerse el pasaporte, y le preguntan:
—¿Nombre?
—Bond, James Bond.
—Ok. Bond James Bond.
—No, no —dice Bond—, «James» y «Bond» aparte.
—¿James «Bonaparte»?
—No. James Bond, y ya.
—¿James «Bonilla»?
—Es igual. Ponga 007.

Un adolescente que ha salido de fiesta le envía un whatsapp a su madre:
«Mamá, en media hora estoy en casa. Si en 30 minutos no he llegado, vuelve a leer este mensaje».

—¿A dónde vas?
—Voy a regar el jardín.
—¡Pero si está lloviendo!
—No importa, mamá. Llevo paraguas.

Un hombre se encuentra en una calle de París a un amigo de la infancia que hacía tiempo que no veía.

—¡Cuánto tiempo! ¿A qué te dedicas?

—Soy corresponsal —dice el amigo.

—¿Periodista?

—¡Qué va! Trabajo en un restaurante y cuando salen las patatas me dicen: '«Corre pon sal» antes de que se enfríen'.

Índice

¡Escribe tus propios chistes!

¡Prepárate para troncharte de risa!

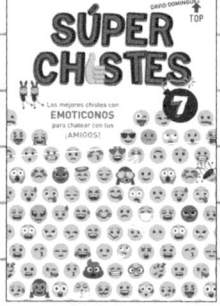

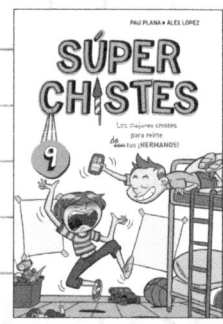

Descubre más chistes en formato e-book en nuestra web:

www.penguinlibros.com

Y si todavía quieres más...

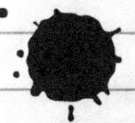